Precio de venta en el Comercio Internacional

Manuel Vera López

NOTA DEL AUTOR

Absténganse estudiosos de la contabilidad de costes y otros gurús teóricos que no han trabajado en una empresa en su vida. Este manual está pensado para ser práctico y poder usarse desde el primer momento. Nada de ejemplos simples y controlados que parecen encajar perfectamente. En la vida real, y en el mundo empresarial en particular, eso no existe. Existe la incertidumbre y la necesidad ineludible de hacer las cosas bien para no perder dinero.

Si es de este tipo de gente, está a tiempo de buscar otro manual. Pero si eres de los que están buscando aprender cómo realizar un escandallo de costes que sea útil para su empresa, le invito a seguir leyendo.

Mi compromiso como autor y especialista del comercio exterior es enseñarle sin rodeos y de una forma profesional, mi experiencia en la realización de escandallos de costes y estimación de márgenes.

Espero de forma sincera, que esta guía le resulte de utilidad.

CONTENIDO

1 INTRODUCCIÓN

El precio de venta de un producto es un valor que se elige con la finalidad de cubrir los gastos necesarios para la comercialización de ese producto y además, conseguir un beneficio. Un precio de venta bien construido implica que se alcancen los siguientes objetivos:

1. Cubrir costes.
2. Salvaguardar la continuidad de la empresa
3. Obtener beneficios (para repartir entre socios e inversores)

El primer paso para establecerlo es conocer cuáles son los costes en los que tenemos que incurrir para producir y comercializar el producto.

El segundo paso es elegir un margen de beneficios, que adicionado al coste nos dará el precio de venta.

$$P_{vta} = C_{vble} + C_{fijo} + MARGEN$$

Hasta aquí, nada nuevo.

En la primera parte del libro vamos a centrarnos en la identificación de los diferentes costes. Luego pasaremos a definir que es el margen y los dos tipos existen para obtener el precio de venta.

En la segunda parte del manual, veremos cómo se elabora un escandallo de costes desde cero y dedicaremos un capítulo al escandallo de costes internacional; el cual nos servirá para elaborar las cotizaciones de los productos dependiendo de las condiciones de entrega.

Finalmente, veremos lo que se denomina una matriz de márgenes. Este tipo de tabla se utiliza cuando se comercializa un producto nuevo, no se conocen las ventas exactas y además, el precio viene fijado por el mercado y la competencia.

2 IDENTIFICACIÓN Y CLASIFICACIÓN DE LOS COSTES

Para establecer el precio de venta tenemos que conocer los costes de nuestro producto.

El primer paso es saber diferenciar entre una inversión y un gasto.

Un gasto es un montante económico que paga la empresa para adquirir materiales (materias primas, semi-elaboradas o productos terminados para incorporar a nuestro propio producto), herramientas o maquinaria, personal y suministros (agua, luz, internet, etc.); con la intención de realizar una actividad productiva, ya sea de producción de bienes o de servicios. Este gasto se consume (amortiza) a corto plazo, es decir, en menos de un año.

Una inversión es un gasto cuya amortización es medio o largo plazo (más de un año).

Una inversión tiene una parte de gasto a corto plazo, llamada amortización. Por ejemplo, si compramos una impresora para imprimir los manuales de usuario, y estimamos que la vamos a usar durante tres años, se convierte en un activo. El gasto es la parte proporcional correspondiente a un año. Por lo tanto, tendríamos una amortización anual de un tercio de su valor.

El Plan General de Contabilidad (en el caso español) tiene unas tablas de valoración y amortización del inmovilizado. En general todos los países siguen un sistema parecido.

Nosotros vamos a trabajar con esta simplificación (que además es contablemente correcta).

Si nos vamos a la cuenta de pérdidas y ganancias de la empresa, veremos todos los gastos. Los encontraremos divididos en gastos de producción, financieros, extraordinarios y amortizaciones (es la parte que se imputa como gasto anual de una inversión).

Ya tenemos el campo acotado.

Cuando la empresa comercializa un único producto o servicio, el escandallo es muy fácil de realizar. Todos los costes estarán directamente relacionados con la producción, por lo que simplemente habrá que dividirlos entre la cantidad producida anual.

El problema es doble. El primero es que es un escenario teórico, y las empresas suelen comercializar más de un producto. Y el segundo es que la empresa necesita conocer qué gastos crecen proporcionalmente al aumento de la producción.

Aquí encontramos la primera clasificación de los costes: los que crecen proporcionalmente al incremento de la producción (más fabrico, más gasto) y los que no varían aunque lo haga la producción.

Los primeros son los llamados costes variables, y los segundos: costes fijos.

Los costes fijos más habituales son los costes de personal (la parte de remuneración fija), los alquileres (del local, planta o fábrica), los gastos administrativos (impuesto de la propiedad, tasas de apertura del local, etc.), gastos financieros por créditos y préstamos y los suministros de servicios (agua, luz, internet, teléfono, gas etc.). Produzca o no la empresa, tiene que cubrir todos estos costes.

Los costes variables dependen de la producción. Por ejemplo: las materias primas, productos semi-elaborados o terminados que añadimos a nuestro producto, los gastos de comercialización, las comisiones de los agentes por la venta, subcontratas para realizar ciertas actividades de producción o la mano de obra extra.

Si no se cubren costes fijos, la empresa no puede funcionar. Si no se cubren los costes variables, la empresa no puede producir. Sin embargo, si puede seguir existiendo.

El coste de fabricación de un producto se compone pues, de costes variables más costes fijos. El coste de fabricación en el que sólo se tienen en cuenta costes variables se denomina **Coste de Producción Variable.**

Volvemos al supuesto del único producto comercializado: es fácil establecer el coste de producción variable y asignar la totalidad de los costes fijos.

¿Qué pasa cuando la empresa comercializa más de un producto? Los costes se deben de asignar de manera que ambos productos estén valorados correctamente, y sepamos cuánto nos cuesta producir cada uno. Así seremos capaces de fijar un precio de venta que cubra costes variables, fijos y beneficios.

Hay costes que podemos asignar muy fácilmente. Las materias primas por ejemplo. O amortizaciones de maquinaria específicas para fabricar ese producto. Son lo que se denominan **costes directos**.

Sin embargo, hay otros costes que, aunque sean necesarios para la fabricación y comercialización de los productos no se pueden asignar de una forma directa a uno u otro producto. Son los llamados **indirectos**.

Por ejemplo: los alquileres de la fábrica, la mano de obra que trabaja en ambos productos, los gastos generales de gestión y administración o los gastos financieros de los créditos que se pidieron para montar la cadena de producción.

Tanto los costes fijos como los costes variables pueden ser directos o indirectos:

	Costes directos	Costes indirectos
Costes Fijos	Mano de obra fija Amortizaciones de inmovilizado …	Gastos Generales Gastos Financieros …
Costes Variables	Mano de obra extra Materias primas Productos semi-elaborados y terminados. Inspecciones de calidad. …	Son todos aquellos gastos que nos surgen debidos a la producción pero que no son directamente asignables a un producto. Normalmente son relativos a la comercialización conjunta de los productos (gastos en ferias, viajes, promociones, etc.)

La problemática radica en cómo asignar los costes indirectos a un producto, ya sean fijos o variables.

Existen multitud de métodos teóricos en la Contabilidad de Costes para hallarlos: el método directo, indirecto, el ABC, etc.

Nosotros vamos a ver tres métodos alternativos, más en la línea de buscar una vía práctica.

ASIGNACIÓN DE COSTES EN BASE AL COSTE DE DE COMPRA.

Lo que vamos a hacer aquí es buscar lo que nos cuesta comprar todos los materiales que serán usados para la fabricación de nuestro producto. Si un material es compartido, tendrá una cantidad usada para cada producto; con lo que podremos hacer una asignación directa.

Este método nos permite saber cuánto nos cuesta comprar lo necesario para fabricar el producto.

Una vez que lo sepamos, tendremos el total para todos los productos y el total relativo de cada producto, pudiendo establecer unos pesos.

Veamos un ejemplo:

	Producto 1	Producto 2	Producto 3
Costes de compra de materiales para la producción de cada producto (por separado)	45€	25€	30€

TOTAL: 100€

	Producto 1	Producto 2	Producto 3
Peso sobre el total	45/100 = **45%**	25/100 = **25%**	30 /100 = **30%**

En base a estos pesos, podemos asignar los demás costes indirectos.

ASIGNACIÓN DE COSTES EN BASE A LA MANO DE OBRA

Este criterio sólo es válido cuándo podemos establecer cuánto tiempo dedica cada trabajador a cada producto y cuando todos los trabajadores dedican los mismos tiempos que los demás.

Aquí buscamos los costes de mano de obra directamente aplicables a cada producto. Es decir, qué cantidad de tiempo vamos establecer que cada trabajador tiene que dedicar a cada producto:

	Producto 1	Producto 2	Producto 3
Trabajador	20 horas	15 horas	5 horas

TOTAL: 40 horas

	Producto 1	Producto 2	Producto 3
Peso sobre el total	20/40 = **50%**	15/40 = **37,5%**	30 /100 = **12,5%**

ASIGNACIÓN DE COSTES EN BASE A LAS VENTAS

Este método no es utilizable cuando iniciamos la comercialización de un producto, ya que no tiene ventas. Es muy útil para productos que tienen unas ventas establecidas. Se trata de asignar los costes en base al beneficio que reportan:

	Producto 1	Producto 2	Producto 3
Ventas	12.000€	13.000€	25.000€

TOTAL: 50.000€

	Producto 1	Producto 2	Producto 3
Peso sobre el total	12.000/50.000 = **24%**	13.000/50.000 = **26%**	25.000/50.000 = **50%**

Este método repercute mayor coste al producto que tiene más ventas, y es una manera de repartir los costes de manera que no perjudique a productos con ventas bajas (que pueden estar en fase de crecimiento).

Un producto puede tener varios tipos de packagins (forma en la que se envasa). En el capítulo 3, veremos cómo se establece un escandallo para un producto de una empresa, asignando el coste en base a la mano de obra y cómo se asignan los costes de un producto para cada tipo de envase.

TIPOS DE COSTES EN BASE A SU AGRUPACIÓN

A parte de la clasificación anterior, que atendía a la naturaleza de los costes, podemos definir estos cuatro costes en base a su agrupación.

El **Coste de Compra** es el total de las compras las materias primas que componen nuestro producto.

El **Coste de Aprovisionamiento** coincide con el valor contable, y es el montante de gastos necesarios que se produce en la compra de nuestro producto, sumándole todos los costes necesarios para ponerlos en nuestro almacén. Puede ser el valor de la materia prima puesta en nuestros almacenes, el del producto semi-terminado o si fuésemos un distribuidor o trading, el producto final.

El **Coste de Producción** consiste en total de gastos necesarios para fabricar nuestro producto y tenerlo disponible para la venta.

EL **Coste de Producción y Comercialización** es el coste de producción más todo los gastos necesarios para su comercialización. A saber: test de calidad, distribución, marketing y servicio postventa.

3 EL PRECIO DE VENTA

El precio de venta de nuestro producto es un valor que elegimos por el cual esperamos cubrir costes de producción y conseguir un beneficio (margen). Valorarlo correctamente implica que con las ventas alcanzaremos los siguientes objetivos:

- Cubrir costes (variables y fijos)
- Salvaguardar la continuidad de la empresa (cubrir amortizaciones, provisiones e inversiones)
- Ganar dinero (repartir beneficio entre socios y accionistas)

En el capítulo anterior hemos analizado los conceptos de costes variables y fijos; ya sean directos e indirectos. El precio de venta se establece a través de estos dos tipos de costes y del margen:

$$P_{vta} = C_{vble} + C_{fijo} + MARGEN$$

El margen es el montante económico que se gana por la venta del producto. Es libre de cargas (no cubre costes ni amortizaciones). El margen está definido por la dirección, aunque está condicionado por varios factores:

- Tiene que reportar capital para inversiones futuras (inversión en inmovilizado, reservas de capital, autofinanciación, etc.)
- Tiene que ser tal que permita vender el producto en las cantidades suficientes para que el volumen de las operaciones (precio por cantidad vendida) cubra costes fijos y variables.

- Íntimamente relacionado con los márgenes del sector y de la competencia.
- Debe reportar un beneficio mayor que el coste de oportunidad del total de costes de producción.

El margen se aplica al coste de producción viene establecido por la empresa. Si elegiremos un margen del 25%, ¿cómo lo calculamos?

Existen dos maneras de calcular el precio de venta. La primera sería la siguiente:

$$Coste\ de\ Producción \times 25\% = 100 \times 0{,}25 = 25€\ (Margen).$$
$$Precio\ de\ Venta = 100 + 25 = 125€$$

Este es el **precio de venta con un margen sobre la producción**. Es decir, estamos obteniendo 25 unidades de beneficio por cada 100 unidades de producción.

La segunda opción es establecer un margen sobre las ventas:

$$Coste\ de\ Producción \times 1/(1\text{-}margen) = 100/0{,}75 = 133{,}33€$$
$$Precio\ de\ Venta = 133{,}33€$$
$$Margen = 33{,}33€$$
$$El\ margen\ supone\ el\ 25\%\ de\ la\ venta.$$

En ambos casos estamos hablando de un margen del 25%. El primero se orienta a cuánto se quiere ganar por unidad de producción y el segundo a cuánto se quiere ganar por unidad de venta del producto.

Es muy importante poder diferenciarlos y calcularlos correctamente. Si calculamos un margen sobre las ventas con la fórmula del margen sobre la producción, obtendríamos un Margen del 20%, no del 25% como queríamos:

$$Coste\ Producción \times 1{,}25 = Precio\ de\ Venta = 125€$$
$$Precio\ de\ Venta - Coste\ Producción = 125 - 100 = 25€$$
$$Margen = 25€/100€ = 20\%$$

No se puede hablar de uno correcto y otro incorrecto. Ambos son útiles. Cuando se elige un margen concreto (en este caso un 25%), tenemos dos márgenes:

$$\textit{Margen sobre Costes} = 25€$$
$$\textit{Margen sobre Ventas} = 33,33€$$
$$\textit{Diferencia} = 8,33€$$

A esta diferencia podemos denominarla **Valor Añadido producido por la Venta**; que no es más que la parte del margen sobre las ventas que es producido exclusivamente por la acción de venta. Es lo que esperamos ganar de más por el hecho de buscar los clientes y ejecutar la venta.

Podríamos decir que ambos márgenes actúa como extremos de un precio de venta. Nos dan un **Precio de Venta Aceptable** para un margen dado:

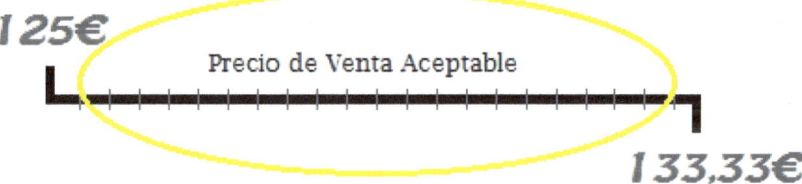

El precio variará entre estos dos pilares. Está claro que cuánto más esfuerzo tengamos que hacer para vender el producto, más cerca estará del límite superior; y viceversa; cuanto menos esfuerzo, más cerca del mínimo.

Ejemplo 1:
Una Trading nos quiere comprar toda la producción. La recoge en nuestra fábrica y paga al contado. El precio de venta va a ser 125€, porque de alguna manera estamos externalizando la comercialización del producto; ya que nos lo compra todo un solo cliente, que ya se encargará de venderlo.

Ejemplo 2:
Nuestra empresa tiene más de cien clientes diferentes, sólo dos son considerados clientes importantes y abarcan el 10% de nuestra producción cada uno. El resto de clientes compra una media de 0,75% de nuestra producción. En este caso, los pequeños clientes

pagarán un precio cercano a 133,33€, mientras que los grande, pueden encontrar un precio de venta de 130€.

4 EL ESCANDALLO DE COSTES

Hasta ahora hemos visto una aplicación simple y sencilla del análisis de costes. Es la herramienta base para establecer lo que se denomina un "escandallo de costes".

El escandallo de costes es la desagregación del coste de un producto en base a las diferentes partidas que lo componen. Establecer correctamente el coste de un producto nos permitirá establecer un precio de venta que cubra la producción y reporte beneficios, garantizando la viabilidad técnica y financiera de la empresa.

También hemos visto el establecimiento del precio de venta y los tipos básicos de márgenes (sobre producción y sobre venta).

Para una empresa que comercialice sólo un tipo de producto con un único formato de venta, el escandallo resulta muy fácil de realizar. Todos los costes serán atribuibles directamente (variables e invariables; directos e indirectos). Simplemente, se tiene que establecer la producción anual y hacer una asignación directa al número de unidades de producto.

El problema es doble. Por una parte, la mayoría de las empresas comercializan más de un producto; o si sólo tienen uno, suelen venir en diferentes formatos de venta (packagins). Por otra parte, existe una cierta producción variable o bajo demanda. Es decir, hay una capacidad productiva para fabricar (o comercializar) dependiendo de la demanda. A mayor número de pedidos, aumentará la producción. Por esta última razón, en los planes de negocios, se fijan tres tipos de escenarios: pesimista, esperado y optimista. ¿A cuál de ellos asignamos los costes fijos?

Una opción es asignar los costes fijos a la producción esperada. Todo lo que venga después, será coste variable. Esta elección tiene el problema de la valoración contable, ya que no tiene atribuidos ningún coste fijo, directo o indirecto. Caeríamos en la polémica del dumping (vender a precio inferior al coste de producción). La segunda opción (que es la que vamos a ver aquí) es realizar un escandallo de costes variables. Es decir, hallamos el coste variable de cada producto y, asignamos los costes fijos para los diferentes escenarios.

Esta técnica es especialmente útil cuando comercializamos un nuevo producto en diferentes formatos.

Antes de empezar: el orden ante todo. Es recomendable usar una hoja de cálculo, en la cual **enlazaremos** todas las **casillas resultado**. Una casilla resultado es aquella en la que el valor viene determinado por una operación, cuyos datos se obtienen de otras casillas.

Ej:

	A	B	C
1	Coste de compra unitario	Número de Unidades compradas	Coste total de la compra
2	10 €	1000	10.000 €

El coste total es una casilla resultado, ya que su valor se halla al multiplicar el coste unitario por el número de unidades: C2=A2*B2

De esta forma, cuando cambiemos un valor que establecemos nosotros, como el número de unidades a comprar, o que fija el proveedor (coste de compra), cambiará automáticamente el coste total de la compra.

Si construimos nuestra tabla de escandallos desde el inicio siguiendo esta regla, nos encontraremos con una tabla dinámica que cambia totalmente según los valores de entrada que insertemos.

Para estudiar a fondo la elaboración del escandallo vamos a utilizar un ejemplo ficticio:

Somos una empresa que comercializa cigarrillos eléctricos. Queremos ampliar nuestro portafolio de productos, por lo que vamos a comercializar también puros eléctricos. Para ello los compraremos en China, junto con sus correspondientes recargas. El packagin lo adquiriremos en Escocia (caja de caoba e interior de corcho negro). El montaje y almacenamiento lo realizamos en España. La forma de comercialización se realizará en formatos de 10, 15 y 20 recargas más puro eléctrico por caja. También venderemos recargas sueltas. Establecemos que vamos a dedicarle un 25% de esfuerzo con respecto a los costes generales (directos e indirectos), excepto para un operario que va a dedicar la mitad de su jornada a ensamblar y preparar los packagins. Son los siguientes:

		Gasto Anual	Asignación	Repercutido Total
Gastos de Personal	Operario de montaje	14.400€	50%	7.200 €
	Diseñador	12.500€	25%	3.125€
	International Manager	24.000€	25%	6.000€
TOTAL COSTE DE MANO DE OBRA ANUAL (luz, agua, comunicación, café para la máquina nespresso, etc.)				**16.325,00 €**
Gastos de Aprovisionamiento Generales		21.000€	25%	5.250 €
Otros Gastos de Explotación		8.727€	25%	2.181,75 €
Amortización de Inmovilizado		500€	25%	125€
Gastos Financieros		15.000€	25%	3.750€
Recursos de Marketing existentes (website, tienda online, etc.)		2.000€	25%	500€
COSTE TOTAL ANUAL FIJO				**28.131,75 €**

Ya tenemos unos costes fijos. Al igual que con una receta de cocina, vamos a reservarlos para luego.

Gracias a nuestra experiencia con cigarros eléctricos (que comercializamos en packagins semejantes), sabemos que si hacemos pedidos de 500 recargas, podremos agruparlas de la siguiente manera:

	Pack 10 (puro + 10 recargas)	Pack 15 (puro + 15 recargas	Pack 20 (puro + 20 recargas	Recargas Sueltas	Inservibles
Número de Packs	13	13	3	-	-
Número recargas	130	195	60	114	1

Otros apuntes de la operación:

- *El tipo de cambio para es 1,25 €/$*
- *Cada pack lleva un puro eléctrico. Por cada 30 puros, 1 vendrá defectuoso.*
- *No hay aranceles ni para las recargas ni para el puro*
- *Las unidades defectuosas se asignan al resto del pedido (veremos cómo)*
- *Para simplificar, el EXW Escocia, vamos a tratarlo como un FOB (aunque no hay carga en buque)*
- *El coste de transporte implicar poner la mercancía en nuestra fábrica (DDP)*

Para elaborar el producto final, tenemos que comprar los siguientes conceptos (vienen con su precio de compra en condiciones FOB para China y EXW para Escocia):

Concepto	Pedido (unidades)	Precio Unitario ($ China; € Escocia)
Recarga	500	$5,00
Vitola	30	$0,15
Manual	145	$0,08
Serigrafía en las recargas y puros	1	$0,5 ($250)
Tela de Repuesto	770	$0,00
Caja de madera	30	1,79 €
Interior de corcho	2	12,00 €
Puro eléctrico	30	$20,00

Ya tenemos todo lo necesario para realizar el escandallo de costes de aprovisionamientos.

Para ello, haremos un escandallo en el que veamos el coste de cada pack, de las recargas sueltas y de los inservibles (Ins.):

Tramo	Concepto	Pedido	Precio Unitario compra	Pedido	Packs 10	Packs 15	Packs 20	Recargas sueltas	Ins.
Costes de Aprovisionamiento	Recarga	500	$5	$2.500	$650	$975	$300	$570	$5,0
	Vitola	30	$0,15	$4,5	$0	$0	$0,00	$17,1	$0,15
	Manual	145	$0,08	$11,6	$1,04	$1,04	$0,24	$9,12	$0,08
	Serigrafía de las fragancias y el puro	1	$0,56	$280	$72,8	$109,2	$33,60	$63,84	$0,56
	Tela de Repuesto	770	$0	$0	$0	$0	$0,00	$0	$0
	Caja de madera	30	1,79 €	53,7 €	23,27 €	23,27 €	5,37 €	$0	1,79 €
	Interior de corcho	2	12 €	24 €	10,76 €	10,76 €	2,48 €	$0	0 €
	Puro eléctrico	30	$20	$600	$260	$260	$60	$0	20 €
Total Coste Pedido FOB ($)				$3.493,23	$1.026,38	$1.387,78	$403,66	$660,06	$28,03
Total Coste Pedido FOB (€)				2.794,58 €	821,1 €	1.110,22 €	322,92 €	528,05 €	22,42 €

Ahora le añadiremos los costes para poner la mercancía en nuestra fábrica (condiciones DDP):

Tramo	Concepto	Pedido	Coste	Pedido	Packs 10	Packs 15	Packs 20	Recargas sueltas	Ins.
Costes de Logística	Envío China	Currier	150 €	150 €	39€	59€	18€	34	0€
	Envío Escocia	Currier	55,6 €	55,6 €	24€	24€	6€	0€	2€
	Arancel	No hay	0 €	- €	0€	0€	0€	0€	0€
	Costes Aduana	Despacho único	0 €	22,82 €	6€	9€	3€	5€	0€
	IVA (Desgravable)	21%	$0,00	570,54 €	148,34 €	222,51 €	68,47 €	130,08 €	1,14 €
Total Coste para poner en DDP				228,42 €	69,03 €	91,49 €	26,30 €	39,40 €	7,58 €
TOTAL COSTE DE IMPORTACIÓN (€)				3.023 €	890,13 €	1.201,71 €	349,22 €	567,45 €	30 €

Ya tenemos el coste de poner la mercancía en nuestro almacén, fábrica o empresa. Nos falta un pequeño detalle. Asignar las unidades que vienen defectuosas a los packs; para así obtener el coste unitario de cada pack.

Con esa finalidad, vamos a calcular los índices de **incidencia sobre la operación.**

Empezamos sumando los costes de importación de los 3 tipos de packs y el coste total de la recargas sueltas. Esto nos dará el coste de importación libre de inservibles (o defectuosos).

A continuación, calculamos el peso de cada pack y del conjunto de recargas sobre este coste de importación libre de inservibles. Para ello, dividimos el coste de importación de cada pack entre el coste total (libre de inservibles). El resultado será un %. El sumatorio de los % de los packs y de las recargas debe dar el 100%.

Una vez obtenido estos índices de incidencias, simplemente los multiplicamos por el coste de los inservibles y sumamos al total de cada pack.

Para terminar, dividimos entre el número de pack que se van a montar de cada tipo. Para las recargas sueltas, dividimos entre el número de recargas sueltas que se van a aprovisionar:

		Packs 10	Packs 15	Packs 20	Recargas sueltas	Ins
TOTAL COSTE DE IMPORTACIÓN (€)	3.023 €	890,13 €	1.201,71 €	349,22 €	567,45 €	30 €
Índice de Incidencia (sin contar Inservibles)		29,59%	39,94%	11,61%	18,86%	
Costes de Inservibles asignables a través de la incidencia		8,88 €	11,98 €	3,48 €	5,66 €	
COSTE TOTAL		899 €	1.213,7 €	352,71 €	573,11 €	
COSTE UNITARIO VARIABLE DEL PACK		69,15 €	93,36 €	117,57 €	5,03 €	

Este coste variable cumple, además, con el principio contable de valoración de mercancías, ya que incluye todos los costes proporcionales necesarios para poner la mercancía en nuestro almacén.

El siguiente paso es la asignación de costes fijos (que habíamos visto al principio del ejemplo). Es ahora cuando vamos a empezar a trabajar con los posibles escenarios.

Es muy sencillo, usaremos los índices de incidencia que calculamos para repartir los inservibles y los usaremos para repartir los costes fijos. Los costes fijos los dividiremos proporcionalmente al número de pedidos que tengamos que hacer para satisfacer las ventas

Empecemos con un **escenario muy pesimista**, donde sólo venderemos 58 unidades de producto anuales más228 recargas, lo que equivale a asignar los costes fijos a dos pedidos. Recordemos nuestros índices de asignación:

Packs 10	Packs 15	Packs 20	Recargas sueltas
29,59%	39,94%	11,61%	18,86%

Precio de venta en el comercio internacional

	Costes Fijos	Costes Fijos por pedido	Costes fijos por Packs 10	Costes fijos por Packs 15	Costes fijos por Packs 20	Costes fijos por Recargas	Ins
Muy pesimista (2 pedidos)	28.131,75€	14.065,88€	3.657,13€	5.485,69€	1.687,91€	3.207,02€	30€
Costes de Inservibles asignables a través de la incidencia			8,88 €	11,98 €	3,48€	5,66€	
Total			3.666€	5.497,68€	1.691,39€	3.212,68€	
Coste TOTAL (FIJO + VARIABLE)			4.556,13€	6.699,39€	2.040,61€	3.780,13€	
Coste TOTAL Unitario			350,47€	515,34€	680,2€	33,16€	

Veamos ahora un **escenario pesimista**. 87 unidades anuales de producto vendidas y 342 recargas:

	Costes Fijos	Costes Fijos por pedido	Costes fijos por Packs 10	Costes fijos por Packs 15	Costes fijos por Packs 20	Costes fijos por Recargas	Ins
Pesimista (3 pedidos)	28.131,75€	9.377,25€	2.438,09€	3.657,13€	1.125,27€	2.138,01€	30€
Costes de Inservibles asignables a través de la incidencia			8,88€	11,98€	3,48€	5,66€	
Total			2.446,96€	3.669,11€	1.128,75€	2.143,67€	
Coste TOTAL (FIJO + VARIABLE)			3.337,09€	4.870,83€	1.477,98€	2.711€	
Coste TOTAL Unitario			256,70€	374,68€	492,66€	23,78€	

El **escenario normal.** 116 unidades y 456 recargas:

	Costes Fijos	Costes Fijos por pedido	Costes fijos por Packs 10	Costes fijos por Packs 15	Costes fijos por Packs 20	Costes fijos por Recargas	Ins
Normal (4 pedidos)	28.131,75€	7.032,94€	1.828,56€	2.742,85€	843,95€	1.603,51€	30€
Costes de **Inservibles** asignables a través de la incidencia			8,88€	11,98€	3,48€	5,66€	
Total			1.837,44€	2.754,83€	847,44€	1.609,17€	
Coste TOTAL (FIJO + VARIABLE)			2.727,57€	3.956,54€	1.196,66€	2.176,62€	
Coste TOTAL Unitario			**209,81€**	**304,35€**	**398,89€**	**19,09€**	

El **escenario optimista.** 145 unidades de producto y 570 recargas:

	Costes Fijos	Costes Fijos por pedido	Costes fijos por Packs 10	Costes fijos por Packs 15	Costes fijos por Packs 20	Costes fijos por Recargas	Ins
Optimista (5 pedidos)	28.131,75€	5.626,35€	1.462,85€	2.194,28€	675,16€	1.282,81€	30€
Costes de Inservibles asignables a través de la incidencia			8,88€	11,98€	3,48€	5,66€	
Total			1.471,73€	2.206,26€	678,64€	1.288,47€	
Coste TOTAL (FIJO + VARIABLE)			2.361,86€	3.407,97€	1.027,87€	1.855,92€	
Coste TOTAL Unitario			**181,68€**	**262,15€**	**342,62€**	**16,28€**	

Y finalmente, el escenario pelotazo. También llamado **muy optimista**. 174 unidades de producto vendidas y 684 recargas:

	Costes Fijos	Costes Fijos por pedido	Costes fijos por Packs 10	Costes fijos por Packs 15	Costes fijos por Packs 20	Costes fijos por Recargas	Ins
Muy optimista (6 pedidos)	28.131,75€	4.688,63€	1.219,04€	1.828,56€	562,64€	1.069,01€	30€
Costes de Inservibles asignables a través de la incidencia			8,88€	11,98 €	3,48 €	5,66 €	
Total			1.227,92€	1.840,55€	566,12€	1.074,67€	
Coste TOTAL (FIJO + VARIABLE)			2.118,05€	3.042,26€	915,34€	1.642,12€	
Coste TOTAL Unitario			**162,93€**	**234,02€**	**305,11€**	**14,40€**	

Lo que está sucediendo en todos los escenarios es que, a medida que se incrementa el número de pedidos, los costes fijos atribuibles a cada pedido bajan. El coste variable se mantiene estable, ya que es el mismo para cada pedido. Veamos una representación gráfica:

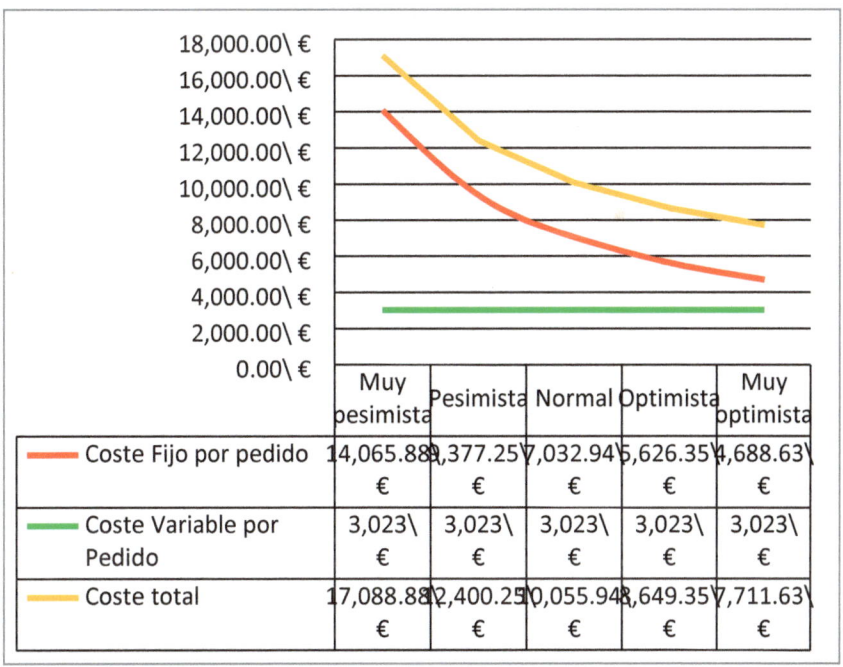

	Muy pesimista	Pesimista	Normal	Optimista	Muy optimista
Coste Fijo por pedido	14,065.88\ €	9,377.25\ €	7,032.94\ €	5,626.35\ €	4,688.63\ €
Coste Variable por Pedido	3,023\ €	3,023\ €	3,023\ €	3,023\ €	3,023\ €
Coste total	17,088.88\ €	12,400.25\ €	10,055.94\ €	8,649.35\ €	7,711.63\ €

Esto es lo que se llama economías de escala. Reducimos el coste de producción unitario a medida que incrementamos la escala. En este caso, hay un decremento del coste unitario del pedido (que afecta directamente al coste unitario del producto).

De estos escenarios, el más habitual a la hora de planificar la producción y distribuir los costes es el escenario normal. Éste es el que vamos a coger para los siguientes capítulos.

5 EL PRECIO DE VENTA A TRAVÉS DE LOS COSTES

En el capítulo anterior, veíamos cómo realizar el escandallo de costes para un producto con diferentes formatos y para diferentes escenarios.

Estamos en un punto, en el que ya hemos valorado el producto que vamos a vender, a coste de producción.

Ese coste de producción es el precio mínimo que hay que poner para cubrir costes fijos y variables.

Junto a ese precio técnico o de punto muerto, se le añadiría el margen y tendríamos el precio de venta EXW (en nuestra fábrica).

Ya vimos en el apartado del precio, cómo aplicar un margen (sobre venta o sobre producción).

En el comercio internacional, hay que añadir a estos costes unos nuevos. Son costes variables también, y aparecen cuando la operación requiere de la puesta de nuestro producto en un lugar diferente a nuestras instalaciones. Es decir, hay que añadir unos costes derivados de la operación internacional. A saber:
- Costes financieros debidos al medio de pago elegido
- Costes de logística: incluyen los costes de aduanas, de documentación necesaria para la exportación, el flete y el seguro de la mercancía.
- Otros costes: inspecciones previas al envío, certificaciones especiales, etc.

Estos costes se repercuten a través del precio. Hay dos opciones. Una es repercutirlos en factura. Es decir, nuestro producto tiene el precio al que vendemos en fábrica (EXW), pero en la factura añadimos los costes derivados de la operación. De tal manera que simplemente traspasamos el coste de las gestiones. Esta forma de repercutir los costes es habitual cuando el único concepto a añadir al precio de venta es el transporte. Así se le da la oportunidad al comprador de comparar con el precio de transporte que le da su transitario habitual.

El problema viene cuando tenemos otros costes, de índole interna y que no queremos que se conozcan, como nuestro coste financiero.

En este segundo escenario, lo normal es transmitirlo en el precio. Todos los costes de exportación están transmitidos en el precio. La práctica habitual es esta última, ya que de lo contrario estaríamos regalando el esfuerzo de gestionar la exportación.

Es por ello que las cotizaciones se dan en diferentes términos comerciales de entrega (Incoterms), con un precio diferente en cada caso.

Para entenderlo mejor, vamos a retomar el ejemplo del capítulo anterior y desarrollar un escandallo de exportación. A través de los costes, veremos cómo establecer el precio de venta y dar cotizaciones para diferentes puntos de entrega: venta en nuestra fábrica (EXW), venta en puerto de nuestro país (FOB puerto) y venta en país destino (CIF país destino).

Supuesto:
- Nos encontramos dentro del escenario optimista de la empresa (5 pedidos anuales).
- Hemos encontrado un distribuidor en Los Ángeles, dispuesto a comprarnos 29 unidades de producto y recargas sueltas (lo que equivale a uno de nuestros pedidos de compra).
- Nos ha pedido cotización en Incoterms EXW nuestra empresa, FOB Valencia y CIF Los Ángeles.
- El transporte será a través de grupaje marítimo.
- El medio de pago elegido es una transferencia bancaria, y como garantía, nos abre una Carta de Crédito en Stand by (el banco nos asegura el pago si no lo hace nuestro cliente)
- La divisa de pago es dólares. Como el pago es diferido (al mes de la recepción de la mercancía), contratamos un seguro de cambio con nuestro banco para evitar las posibles fluctuaciones euro-dólar.
- El tipo de cambio del seguro de cambio es 1,25 €/$
- El margen de beneficios que aplicamos es sobre venta, del 25%.
- El coste de la exportación se repercute en el precio.
- El seguro de transporte para condiciones CIF sería del tipo A (a todo riesgo) y tendría un coste de 133,41€
- El transporte interno (desde nuestra fábrica) al puerto de Valencia ascendería a 145€
- La oferta de transporte principal a Los Ángeles es la siguiente:

Flete	$61,42	Documentos	$5,00
Manipulaciones	$17,20	Documentos US Security	$3,00
T-3	$2,26	US Security Fee	$5,55
ISPS	$2,79	Despacho de Aduanas	$12,00
Movimiento del Grupaje	$3,00	Quebranto Bancario	$1,09

TOTAL **$113,31**

Empecemos recordando el coste de aprovisionamiento de un pedido de puros eléctricos y recargas de 30 unidades. Para el escenario optimista de 5 pedidos anuales, los costes fijos ascendían a 5.626,35€:

	ESCANDALLO COSTES - PRECIOS	
A	Aprovisionamientos China	**$2.500**
B	Aprovisionamientos Escocia	**77,7 €**
C	**FOB XIAMEN y EXW ESCOCIA en € (A+B)**	**2.794,58 €**
D	Transporte a España desde China	150 €
E	Transporte a España desde Escocia	55,6 €
F	Despacho de Aduanas	22,82 €
G	**DDP Nuestra Empresa**	**3.023,00 €**
H	Costes Fijos	5.626,35 €
I	**Coste de Producción**	**8.649,35 €**

1. Precio EXW (precio de venta franco fábrica):

Simplemente aplicamos al coste de producción el margen del 25% sobre la venta Coste de Producción/(1-margen)

J	Margen (25%)	2.883,12 €
K	**EXW Nuestra fábrica (I+J)**	**11.088,91 €**

2. Precio FOB Valencia (mercancía puesta a bordo del buque)

Al coste de producción tenemos que añadir todos los costes para poner la mercancía en condiciones FOB Valencia. A ese total, le aplicamos el margen sobre ventas:

L	COSTE FINANCIERO VENTA	301,89 €
	Transferencia	68,00 €
	Costes L/C Stand by	110,89 €
	Seguro de Cambio	123,00 €
M	TRANSPORTE INTERNO VALENCIA	145,00 €
N	**COSTE MERCANCÍA EN VALENCIA (M+O+P)**	**9.096,24 €**
O	Margen (25%)	3.032,08 €
P	**FOB VALENCIA (N+O)**	**12.128,32 €**

3. Precio CIF Los Ángeles

Para el CIF añadiremos al coste de producción los debidos al transporte interno (hasta Valencia), los del transporte principal hasta Los Ángeles y todos los derivados de la propia operación de exportación:

Q	TRANSPORTE PRINCIPAL A LOS ANGELES en €	90,65 €
	Flete	$61,42
	Manipulaciones	$17,20
	T-3	$2,26
	ISPS	$2,79
	Movimiento del Grupaje	$3,00
	Documentos	$5,00
	Documentos US Security	$3,00
	US Security Fee	$5,55
	Despacho de Aduanas	$12,00
	Quebranto Bancario	$1,09
	TOTAL EN $	**$113,31**
R	SEGURO DE LA MERCANCÍA	133,41 €
S	**TOTAL COSTES DE IMPORTACIÓN (Q+R)**	**224,06 €**
T	**TOTAL VALOR DE LA MERCANCÍA (P+S)**	**9.320,30 €**
U	Margen (25%)	3.106,77 €

| CIF LOS ÁNGELES (T+U) € | 12.427,06 € |

Si en vez de dar la cotización por envío, tuviésemos que darla por los diferentes productos que lo integran, simplemente utilizaríamos los índices de incidencia de cada tipo de pack sobre el pedido:

	Packs 10	Packs 15	Packs 20	Recargas sueltas
	29,59%	39,94%	11,61%	18,86%
EXW	3.281,21 €	4.428,91 €	1.287,42 €	2.091,37 €
FOB Valencia	3.588,77 €	4.844,05 €	1.408,10 €	2.287,40 €
CIF Los Ángeles	3.677,17 €	4.963,37 €	1.442,78 €	2.343,74 €
Precios Unitarios (13-13-3 y 114 recargas sueltas)				
EXW	252,40 €	340,69 €	429,14 €	18,35 €
FOB Valencia	276,06 €	372,62 €	469,37 €	20,06 €
CIF Los Ángeles	282,86 €	381,80 €	480,93 €	20,56 €

6 EL ÍNDICE EN BASE AL PRECIO DE COMPRA

El índice en base al precio de compra nos da el peso de cada concepto con respecto al coste de compra de la mercancía.

De esta manera podemos estimar las cotizaciones futuras a través del precio de compra en pocos segundos; lo que supone una ventaja y un arma de director de compras, que podrá estimar los precios de venta a los clientes de la empresa para cada cotización que reciba de los aprovisionamientos.

Veamos cómo se calculan para nuestro caso ficticio:

Índice = Concepto / **Sumatorio de Aprovisionamientos en origen**

ESCANDALLO COSTES - PRECIOS		INDICES BASE PRECIO COMPRA
Aprovisionamientos China	$2.500	
Aprovisionamientos Escocia	77,7 €	
FOB XIAMEN y EXW ESCOCIA en € (A+B)	2.794,58 €	100%
DDP Nuestra Empresa	3.023,00 €	108,174%
EXW Nuestra fábrica (I+J)	11.088,91 €	396,801%
FOB VALENCIA (N+O)	12.128,32 €	433,994%
CIF LOS ÁNGELES (T+U) €	12.427,06 €	444,685%

Con esta tabla, sabemos que el precio FOB Valencia de nuestro producto es 4,33994 veces el coste de comprarlo o, también, que la mercancía que compramos cuesta ponerla en nuestros almacenes 1, 08174 el valor de la compra.

Estos índices se mantienen siempre y cuando no se altere la cantidad comprada (ya que los costes fijos no aumentan). Es decir, para este ejemplo, si estamos en el escenario optimista (5 pedidos), estos índices nos valdrán todo el año para todos los pedidos. **¿Cuál es la utilidad?** Conocer cuánto varía el precio de venta al cliente cuando lo hace la mercancía comprada. Para un director de ventas, estos índices son básicos, ya que le permite hacer estimaciones instantáneas para cada cotización que pide.

7 LA MATRIZ DE MÁRGENES

La matriz de márgenes es una herramienta que muestra los diferentes precios de venta de un producto dependiendo de los márgenes que se establezcan y de la producción que tenga.

Veíamos antes que el coste de producción baja a medida que aumenta la producción debido a que se reduce el coste fijo unitario por producto.

Para productos que inician su comercialización y que todavía no tienen una cuota de mercado, el coste de producción variará dependiendo de los escenarios de unidades vendidas que planifiquemos.

La matriz de márgenes recoge esta incertidumbre y la muestra de forma visual, de manera que tengamos total control del precio, el coste y los márgenes para cualquier situación.

Para entenderla mejor, vamos a continuar con nuestro caso anterior, en particular con el Pack de 10 recargas y un puro eléctrico. Simplemente realizamos una tabla en la que cada fila representa el coste de producción unitario (fijo más variable) de cada escenario; y cada columna un margen diferente:

Escenario	Coste Producción Unitario	25%		30%		35%	
		Sobre Producción	Sobre Venta	Sobre Producción	Sobre Venta	Sobre Producción	Sobre Venta
Muy pesimista	350,47 €	438,09 €	467,29 €	455,61 €	500,67 €	473,13 €	539,18 €
Pesimista	256,70 €	320,88 €	342,27 €	333,71 €	366,71 €	346,55 €	394,92 €
Normal	209,81 €	262,26 €	279,75 €	272,75 €	299,73 €	283,24 €	322,78 €
Optimista	181,88 €	227,35 €	242,51 €	236,44 €	259,83 €	245,54 €	279,82 €
Muy Optimista	162,93 €	203,66 €	217,24 €	211,81 €	232,76 €	219,96 €	250,66 €

Vemos que hemos representado el margen tanto sobre el coste de producción como sobre la venta (intervalo de precio aceptable).

Hay dos formas de interpretar esta matriz.

La primera es la de establecer el margen que tendremos según las unidades vendidas cuando el precio nos viene impuesto por el mercado. Imaginemos que nuestro precio de venta es de 280€. La dirección ha elegido este precio por ser un precio medio con respecto a la competencia. El objetivo no es diferenciarse en precio, sino en cualidades físicas y de uso del producto. Pues bien, vemos que ese precio en el escenario normal (se hacen cuatro pedidos al año y se venden 52 unidades de este pack) significa un margen del 25% sobre la venta, ya que el coste es de 209,81€. Si en cierto momento del año se cumple el escenario normal y se realiza un pedido extra, pasaríamos al escenario optimista, y el margen se incrementaría hasta el 35% sobre la venta. Esto es debido a que el aumento de la producción hace que baje el precio fijo unitario, siendo el coste de producción 27, 93€ más bajo (181,88€).

Este control del margen y del coste de producción nos lleva a la segunda forma de interpretar la tabla: **¿qué descuentos puedo aplicar por una venta que me va a suponer subir de escenario?**

Imaginemos que estamos en el escenario normal. Hemos encontrado un distribuidor que quiere comprarnos una gran cantidad de producto. Esta operación supone tener que producir un nuevo pedido, con lo que, al igual que antes, estamos en una subida de escenario. ¿Qué descuento puedo aplicarle sin perder margen? Nos vamos a la tabla, y vemos, que para mantener un margen sobre ventas del 25%, le podemos vender a 242,51€. Si el distribuidor mantiene el precio de venta en 320€, ganaría 77,49€ por unidad vendida, lo que le supone a él un 24,21% de margen.

Es muy interesante aplicar esta matriz en escenarios donde incrementamos la producción y las ventas, ya que podemos ofrecer un descuento importante a nuestros clientes. En el caso de que ese cliente sea también distribuidor y queramos que siga vendiendo al precio de venta sugerido, nos permite determinar nuestros precios de venta.

SOBRE EL AUTOR

MANUEL VERA, nacido en Córdoba, España. Es licenciado en Empresas por la Universidad de Sevilla y especializado en International Business Operations por la Cámara de Comercio y en Comercio Internacional por la EOI.

Ha trabajado como gestor logístico internacional para el grupo Alter, consultor para la oficina comercial de la embajada de España en Reino Unido y actualmente como International Manager para una empresa española. En 2011 fundó FT20, una enciclopedia online de comercio exterior con más de 70 artículos, guías y manuales sobre procedimientos en el comercio internacional. Es autor de libros como "How to become an honest con artist" (2014), "Guía de los Incoterms 2010" (2013) o "Selling the moto" (2013). También ha publicado un libro por encargo de la empresa de formación Femxa para su curso superior en Comercio Exterior.